F. und H. Jantzen

KEIME, SPROSSEN, KÜCHENKRÄUTER

am Fenster ziehen – rund ums Jahr

Inhalt

Innentitel: Borretsch

CIP-Kurztitelaufnahme der Deutschen Bibliothek

Jantzen, Friedrich:
Keime, Sprossen, Küchenkräuter am Fenster ziehen –
rund ums Jahr / Friedrich u. Heidrun Jantzen. –
Niedernhausen/Ts. : Falken-Verlag, 1983.
   (Falken-Bücherei)
   ISBN 3-8068-0658-6
NE: Jantzen, Heidrun:

ISBN 3 8068 0658 6

Satz: Main-Taunus-Satz, Giebitz + Kleber GmbH, Eschborn
Druck: Ernst Kaufmann, Lahr

817 2635 4453 6271

Einführung

Mit Keimsprossen und im Zimmer herangezogenen Kräutern schaffen wir uns abwechslungsreiche und würzige Zutaten zu unserer täglichen Nahrung. Keimsprossen sind leicht heranzuziehen, Kräuter im Zimmer erfordern etwas mehr Hingabe. Doch wird man in beiden Fällen viel Freude daran haben, wenn man die Keimung und das Wachstum aus nächster Nähe beobachten und beeinflussen kann.

Verschiedene Keimsprossen in einer Schale.

Küchenkräuter auf dem Fensterbrett.

Keimsprossen mit einfachen Mitteln

In Kochbüchern findet man neuerdings häufig Hinweise auf die Verwendung von Keimsprossen. Diese gibt es nicht fertig zu kaufen. Der Verbraucher muß sie sich selbst heranziehen.

Keimsprossen sind ausgekeimte Samen verschiedener Pflanzen. Die Samen selbst sind hart und in rohem Zustand nicht genießbar. Zur Verwendung als Rohkost läßt man sie quellen und keimen. Sobald sich nach dem Quellungsprozeß das Leben in den Samen wieder regt, können sie roh verzehrt werden. Zunächst handelt es sich um *Keimlinge.*

Doch entwickelt sich die junge Pflanze mit Hilfe der im Samen enthaltenen Nährstoffe weiter. Der Sproß und ebenso die Wurzeln beginnen sich zu entwickeln. In diesen ersten Wachstumsstadien werden die Pflänzchen als *Sprossen* bezeichnet. Da von der beginnenden Keimung bis zur Sproßentwicklung alle Stadien verwendbar sind, hat man die Bezeichnung Keimsprossen geprägt.

Welche Samen?

Grundsätzlich dürfen nur solche Samen verwendet werden, die in keiner Weise chemisch gegen Pflanzenschädlinge behandelt (gebeizt) worden sind.

Mungobohnen und Wasser werden in ein Einmachglas gefüllt.

Die Mungobohnen sind gequollen; Schaumbildung zeigt den Beginn des Keimprozesses an.

Saatgut für den Garten ist darum nicht geeignet. Verwendbare Samen bekommt man z. B. in Reformhäusern. Auch der Samenfachhandel führt einige Arten. Man muß beim Kauf jedoch darauf achten, daß auf den Packungen ausdrücklich die Eignung zur Gewinnung von Keimsprossen angegeben ist.

Hülsenfrüchte aus dem Haushalt lassen sich ebenfalls verwenden. Bei diesen ist allerdings die Keimfähigkeit meist gering oder durch Vorbehandlung zum schnelleren Garen völlig verlorengegangen. Durch Keimproben kann man die Keimfähigkeit feststellen.

Keime im Einmachglas

Etwa 1 Tasse voll Mungobohnen füllt man in ein Einmachglas (1 1/2 l) und gibt so viel Wasser hinzu, daß die Bohnen auch nach dem Quellen noch davon bedeckt sind. Sie bleiben über Nacht stehen.

Danach hat sich das Volumen vergrößert. Eventuell auftretende Schaumbildung zeigt an, daß der Keimprozeß in Gang kommt. Nun werden die gequollenen Bohnen in einem Sieb unter fließendem Wasser gewaschen und feucht, jedoch ohne Wasser in das Einmachglas zurückgefüllt. Dieses wird mit Kunstfasergaze (Gardinenstoff) und einem Gummiring verschlossen. Man stellt es mit der Öffnung nach unten und etwas gekippt an einen mäßig hellen, aber nicht sonnigen Platz. Er soll wohltemperiert (um 20° C) und luftig sein.

Zweimal täglich werden die Samen mit Wasser gespült. Dazu läßt man es durch die Gaze einfließen und auch wieder ablaufen. Nach 4–6 Tagen sind die Bohnen so weit gekeimt, daß sie verwertet werden können.

In einem Sieb spült man die Mungobohnen zweimal täglich unter dem Wasserhahn ab.

Das Glas wird mit Gaze und einem Gummiring verschlossen.

Geschmacksprobe

Während des Keimprozesses probiert man die Bohnen immer wieder. Man verwendet sie, wenn einem der Geschmack am meisten zusagt. Dies gilt auch für die anderen Samenarten.

Hat man mehr Sprossen herangezogen, als man im Augenblick verwenden kann, so kann man sie einige Tage lang im Kühlschrank aufbewahren. Sie sollten möglichst roh verwendet werden.

Keimsprossen schmecken zu Salaten, auf Brot und zu den verschiedensten Speisen.

Klebrige Samen

Kressesamen sondern beim Feuchtwerden einen klebrigen Schleim ab.

Wenn man ein Einmachglas mit Wasser ausschwenkt und dann Kressesamen hineinstreut, so bleiben diese an den Wänden und am Boden kleben. Das Glas wird mit dem Deckel gegen Verdunsten lose abgedeckt. Schon nach wenigen Tagen kann man ohne weitere Wässerung die Keimsprossen ernten.

Eine andere Möglichkeit besteht darin, die Kressesamen auf ein feuchtes Papiertaschentuch zu streuen. Damit die Samen nicht austrocknen, stülpt man eine Glasschale darüber, bis die Keime die ersten Blättchen gebildet und dabei die Samenschalen abgeworfen haben. Hält man sie zu trocken, dann können sie sich nicht aus den Schalen befreien.

Bei diesem Verfahren wird die Kresse grün. Man läßt sie bei stärkerer Belichtung so lange wachsen, bis man die Pflänzchen mit der Schere ernten kann.

Es wird mit der Öffnung nach unten schräg aufgestellt, damit Luft herankommen kann.

Kressesamen kleben an der Innenseite eines Einmachglases fest, wenn man dieses vorher mit Wasser ausgeschwenkt hat.

Wenn man Kresse bis zum Grünwerden kei-men lassen will, sät man sie auf einem feuchten Papiertaschentuch aus und deckt mit einem Glasschälchen ab.

Die ersten Blättchen der Kresse erntet man, indem man sie zusammen mit den Stielen mit einer Schere über den Wurzeln abschneidet.

Keimsproß-set

Eine wesentliche Vereinfachung der Keimsprossenzucht bringen einfache, zu diesem Zweck hergestellte Plastikschalen. Sie sind als »Sperli-Keimsproß« zusammen mit geeigneten Samen im Fachhandel erhältlich. Die durchsichtigen Deckel der Gefäße sind an den beiden Schmalseiten mit Schlitzen versehen, durch die man eingefülltes Wasser ablaufen lassen kann.

Zunächst wird die gewünschte Menge Samen in die Schale gefüllt und Wasser darauf gegeben. Die Schale wird mit dem Deckel verschlossen, und die Samen werden darin kräftig durchgespült. Das Wasser kann nun eine Weile in der Schale bleiben, damit die Samen vorquellen können.

Dann gießt man das Wasser, ohne den Deckel abzunehmen, durch die Schlitze ab. An einem mäßig hellen, aber nicht sonnigen Platz stellt man die Schale auf. Die Temperatur sollte auch hierbei um 20° C liegen.

Die keimenden Samen müssen je nach Art 1- bis 2mal täglich gespült werden. Dazu öffnet man die Schale und füllt frisches Wasser ein. Mit geschlossenem Deckel werden die inzwischen gequollenen oder bereits keimenden Samen gründlich durchgespült und das Wasser durch die Schlitze wieder abgegossen. Die Schale wird an ihren Platz zurückgestellt.

Einfüllen von Samen und Wasser in eine Plastikschale.

Abgießen des Wassers durch die Schlitze des geschlossenen Deckels.

Aufstellen der geschlossenen Schale an einem hellen, aber nicht sonnigen Platz.

Keimapparat

Für eifrige Sprossenzüchter, die häufig Samen keimen lassen wollen, wurde der »biosnacky«-Keimapparat entwickelt. Er hat sich seit vielen Jahren in der Praxis bewährt.

Der Apparat besteht aus 3 runden, durchsichtigen Schalen, die mit den Samen gefüllt und übereinandergestellt werden. Zuunterst steht eine 4. Schale, die leer bleibt. In die oberste Schale wird 1/2 l Wasser gegossen, dann wird sie mit dem Deckel geschlossen. Mit Hilfe eines Siphonröhrchensystems durchläuft das Wasser nun die Schalen und befeuchtet die Samen. In der untersten Schale wird es aufgefangen.

Die verschiedenen Samen kann man je nach Wasserbedarf anordnen. Samen, die jeden Tag Wasser brauchen, kommen in die unterste der 3 Keimschalen. Die, die am seltensten gewässert werden, in die oberste. So kann man die Schalen, in die kein Wasser kommt, abnehmen und z. B. nur die unterste wässern. Vor dem Verzehr werden die Sprossen einmal gründlich gewaschen.

In 3 Schalen des Keimapparates füllt man Samen zum Keimen ein.

Kresse-, Senf- und Weizensprossen in den auseinandergeschobenen Schalen des Keimapparates.

Artenbeschreibungen von Keimsprossen

Alfalfa

Medicago sativa
Luzerne, Schneckenklee

Keimdauer: 3–4 Tage
Keimling: 3–4 cm

Die feinen Alfalfasamen vermehren beim Keimen ihr Volumen um ein Vielfaches. Sie sind trotz ihrer Kleinheit sehr ergiebig. Während der 3–4 Tage entwickeln sich die Keime lebhaft. Spätestens am 5. Tag sollte man sie endgültig ernten, doch sind sie in allen Stadien verwendbar. Der Wasserbedarf ist gering. Im Keimapparat wird nur jeden 2. Tag gewässert. Bei Aufkommen von Fäulnisgeruch, der ein Zeichen von zuviel Feuchtigkeit ist, müssen die Sprossen gründlich gewaschen werden.

Verwendung: Die Keimlinge schmecken besonders auf Brot und als Zutat zu Salaten.

Wenn die Sprossen in hellem Licht wachsen, entwickeln sich grüne Blättchen, die ebenfalls schmackhaft sind. Die recht langen und dünnen Alfalfakeimsprossen verfilzen sich leicht und können mit der Gabel ohne weitere Zubereitung gegessen werden. Der Geschmack ist würzig und nußartig.

Bockshornklee

Trigonella foenum-graecum
Griechisch-Heu, Feungreek

Keimdauer: 5–8 Tage
Keimling: 3–4 cm

Die Samen des Bockshornklees sind klein, ei- bis würfelförmig und gelbbraun gefärbt. Sie haben eine tiefe Furche. An dieser eigenartigen Form kann man sie auch in Samenmischungen erkennen.

Der Wasserbedarf ist größer als bei Alfalfa. Es wird einmal täglich gewässert. Die Samen sollen an einem mäßig hellen Platz zum Keimen gebracht werden. In hellerem Licht werden sie nach einiger Zeit durch die ersten Blättchen grün. Die Quellfähigkeit ist groß; es genügen wenige Samen (etwa 1 Eßlöffel), um eine normale Portion Sprossen zu züchten.

Die Ernte kann je nach Geschmack früher oder später erfolgen. Zu alt gewordene Sprossen können nicht mehr verwendet werden, da sie bitter sind.

Verwendung: Bockshornkleesprossen werden meist im Gemisch mit anderen Arten zu Salaten und als Rohkostbeigabe zu jeder Art von Menü genommen.

Kresse

Lepidium sativum
Gartenkresse

Keimdauer: 3–7 Tage
Keimling: 1–5 cm

Kressesamen vertragen nicht zu viel Feuchtigkeit. Man läßt sie am besten in einer Schale keimen, die lediglich mit Wasser ausgeschwenkt wurde. Die Schale muß aber gegen Austrocknen abgedeckt werden. Wenn die Sprossen länger werden sollen, befeuchtet man sie alle 2–3 Tage.

Beliebt ist auch die Kresseanzucht auf einem feuchten Tuch oder Papiertaschentuch. Ins Licht gestellt und gegen Austrocknen geschützt, entwickeln sich aus den Keimen kleine grüne Pflänzchen. Bei zu trocken stehenden Keimen lösen sich die Samenschalen schlecht, und die Blättchen entfalten sich nicht.

Zum Verzehr schneidet man die Stiele mit den Blättchen ab. Die in der Unterlage verfilzten Wurzeln kann man nicht verwerten.

Verwendung: Als Sprossen kann die Kresse mit allen Teilen, auch mit den Samenschalen, verzehrt werden. Die grünen Pflänzchen sind eine beliebte Salatbeigabe, schmecken aber auch gut auf Butterbrot.

Linse

Lens culinaris

Keimdauer: 3–6 Tage
Keimling: 2–3 cm

Linsen sind als Hülsenfrüchte meist im Haushalt vorhanden. Will man sie zur Sprossenzucht verwenden, kann man sich durch eine Keimprobe vergewissern, ob sie auch keimfähig sind.

In einem Gefäß mit Wasser reichlich bedeckt, läßt man die Linsen über Nacht vorquellen. Anschließend wird 2mal täglich gewässert. Im Keimapparat läßt man 1mal täglich Wasser darüberlaufen.

Linsen entwickeln während des Keimvorganges einen den jungen Erbsen ähnlichen Geschmack. Durch das Aufquellen und Keimen werden sie weich genug zum Verzehr. Die Ernte erfolgt individuell zu dem Zeitpunkt, an dem der Geschmack am meisten zusagt. Die Schalen können mitgegessen werden. Sie lassen sich aber auch entfernen, indem man die gekeimten Linsen in Wasser schüttet und die nach kurzer Zeit oben schwimmenden Schalen abschöpft.

Verwendung: Linsensprossen werden als Beigabe zu Fleischgerichten oder als Rohkost gegessen.

Lunja
Vigna unguiculata
Braune Soja, Augenbohne

Keimdauer: 5–6 Tage
Keimling: 2–4 cm

Obwohl Lunjasprossen auch als Sojasprossen bezeichnet werden, stammen sie nicht von der eigentlichen Sojabohne *(Glycine max.).* Lunjasprossen können jedoch ähnlich verwendet werden wie die Sojasprossen in der chinesischen Küche. Es empfiehlt sich, die Lunjasamen über Nacht einzuweichen, sie keimen aber auch ohne diese Vorbehandlung. Sie werden 2mal täglich gewässert, im Keimapparat 1mal täglich. Lunja sollten zum Keimen etwas kühler (um 18° C) stehen als andere Samen.

Die rotbraune Schale, die leicht abfärbt, kann mitgegessen werden.
Verwendung: Lunjasprossen werden vor allem roh gegessen. Da ältere Keime bitter schmecken, verwertet man sie möglichst bald nach dem Auskeimen. Blanchiert schmecken sie gut zu Mehl- und Reisspeisen. Lunjasprossen können auch im Wasser gekocht und wie junges Gemüse verwendet werden.

Mungo
Phaseolus aureus
Grüne Soja, Mungbohne, Jerusalembohne

Keimdauer: 4–6 Tage
Keimling: bis zu 4 cm

Mungosamen sehen nicht nur den Gemüseerbsen ähnlich, sie schmecken als Keimsprossen auch wie junge grüne Erbsen. Diese bekannte Geschmacksnote macht sie problemlos und beliebt.

Die Mungobohnen werden am besten über Nacht eingeweicht, doch dies ist im Keimgerät nicht unbedingt nötig. Während des Keimprozesses lösen sich die grünen Schalen. Sie können abgeschöpft werden, wenn man die gekeimten Bohnen in Wasser schüttet, in dem die Schalen dann nach kurzer Zeit oben schwimmen.

Während der Keimzeit wird täglich 2mal, im Keimapparat 1mal gewässert. Nicht gekeimte Körner liest man vor der Verwendung aus. Sie sind hart und nicht genießbar.
Verwendung: Mungosprossen werden stets roh verzehrt. Es werden verschiedene Salate daraus zubereitet. Im Dunkeln gekeimte Mungobohnen sind zarter im Geschmack. Alte Sprossen sind etwas bitter.

Senf

Sinapis alba
Weißer Senf

Keimdauer: 2–5 Tage
Keimling: 1–3 cm

Senfsamen sind gegen Feuchtigkeit empfindlicher als andere Arten. Sie sollen nur feucht und nicht naß zum Keimen angesetzt werden. Es ist wichtig, sie täglich 1mal zu wässern und gut abtropfen zu lassen. Im Keimapparat wird nur alle 2 Tage Wasser darübergegossen.

Schon die gerade ausgekeimten Senfkörner sind ein sehr schmackhaftes, scharfes Gewürz. Läßt man die Keime länger und in vollem Licht stehen, werden sie durch die Ausbildung der ersten Blättchen grün. An den Wurzeln bilden sich weiße Haarbüschel. Sie können auch auf einem feuchten Tuch wie die Kresse gezüchtet werden.

Verwendung: Senfsprossen und grüne Pflänzchen werden ähnlich denen der Kresse verwendet. Der scharfe Geschmack ist bei ihnen jedoch viel intensiver. Dies muß man bei der Zubereitung von Gerichten bedenken, damit man sie nicht überwürzt. Man benutzt sie zum Anrichten von Salatsoßen und als Gewürz wie Senf. Auch auf Brot schmecken sie gut.

Weizen

Triticum aestivum

Keimdauer: 2–3 Tage
Keimling: ca. 1 cm

Weizen findet heute vielfach als Vollkornnahrungsmittel, besonders in Brot, Verwendung. Als Weizensprossen läßt sich das Korn roh und ohne weitere Behandlung für den Verzehr zubereiten.

Die Körner werden 2mal täglich gewässert, im Keimapparat nur 1mal. Während des Keimprozesses treten bei der Bildung der Wurzeln feinste Härchen auf, die zu der Befürchtung führen könnten, es habe sich Schimmel gebildet. Dies ist jedoch ein normaler Vorgang, der die Qualität der Weizenkeimsprossen nicht beeinträchtigt.

Verwendung: Weizenkeime werden schon in einem frühen Stadium verwertet. Sie schmecken dann am besten. Beginnen sie bereits grün zu werden, wird der Geschmack grasartig. Ähnlich wie die käuflichen getrockneten Weizenkeime verwendet man sie vor allem zur Zubereitung von Müsli. Auch mit Joghurt oder Quark angerührt werden sie gern gegessen.

Kräuteranzucht im Zimmer

Zu jeder Jahreszeit besteht ein Bedarf an frischen Kräutern für die Küche. Auf dem Markt bekommt man meist nur wenige Arten. Nicht jeder hat einen Garten, in dem er sich Kräuter anbauen kann. Aber auch Gartenbesitzer müssen im Winter weitgehend auf Küchenkräuter verzichten. Zwar gibt es alle möglichen Kräuter getrocknet im Handel, aber dies sind eben nicht die begehrten frischen Kräuter.

Voraussetzungen

Wer sich entschließt, sein Kräutergärtchen im Zimmer anzulegen, kann damit eine echte Versorgungslücke schließen. In Stadthaushalten, wo kein Garten zur Verfügung steht, ist ein solches Vorhaben noch vordringlicher als auf dem Land. Auch ermöglicht die Kräuteranzucht im Zimmer die Verwendung der frischen Gewürze das ganze Jahr hindurch.

Grundsätzlich ist es möglich, Gartenpflanzen im Zimmer zu kultivieren. Man muß dabei aber bedenken, daß in der Wohnung ganz andere Voraussetzungen bestehen als im Freien. Die kleinklimatischen Verhältnisse waren bisher ein entscheidendes Hindernis für gutes Gedeihen. Inzwischen stehen jedoch genügend technische Hilfsmittel zur Verfügung, so daß man erfolgreich Kräuter rund ums Jahr im Zimmer heranziehen kann.

Allerdings muß man den Pflanzen hier mehr Aufmerksamkeit schenken und sich mehr Zeit für sie nehmen, als dies in Gartenkulturen erforderlich wäre. In den kleinen Kulturgefäßen sind

Vor der Aussaat füllt man Blumenerde in Torftöpfchen ein.

Aussäen und Etikettieren sollten gleichzeitig erfolgen, um später Verwechslungen zu vermeiden.

Nach dem Säen wird mit einer Brause leicht angegossen.

sie verhältnismäßig störanfälllig, und erfordern deshalb eine gewissenhafte Wartung. Mißerfolge sind meist auf Vergeßlichkeit oder Gleichgültigkeit zurückzuführen und nicht auf das System.

Viele unserer Küchenkräuter stammen aus dem Mittelmeergebiet und vertragen Hitze und Trockenheit. Sie sind im Zimmer jedoch noch extremeren Belastungen ausgesetzt. Es ist ganz normal, daß man nicht mit derselben Wüchsigkeit wie im Freien rechnen kann. Doch sind Aroma und Frische der im Zimmer gezogenen Kräuter gut, und man kann sie wie gewohnt verwenden.

Die Abwehrkräfte sind nicht so stark, weil die Pflanzen im Zimmer weniger kräftig werden als draußen. Treten irgendwelche Krankheitserscheinungen an den Kräutern auf, dann sollte man die befallenen Exemplare entfernen und neue heranziehen. Eine Behandlung mit Pestiziden (Pflanzenschutzmitteln) ist wegen der notwendi-

gen Wartezeiten nicht möglich und auch nicht wünschenswert.

Die in letzter Zeit häufig an Zimmerpflanzen auftretende Trauermücke ist bei Kräuterkulturen verhältnismäßig harmlos. Ihretwegen braucht man keine Maßnahmen zu ergreifen.

Wenn es die örtlichen Möglichkeiten erlauben, ist es zur Kräftigung der Kräuter günstig, wenn man diese gelegentlich ins Freie, z. B. auf den Balkon, stellt. Dort sind sie eine Zeitlang kräftiger Sonneneinstrahlung und günstigeren Bedingungen als im Zimmer ausgesetzt.

Dies muß allerdings mit Vorsicht geschehen, damit sich die Pflanzen nicht erkälten. Im Winter kann man es also nicht durchführen. Auch in den wärmeren Jahreszeiten sollte man die Pflanzen über Nacht wieder hereinholen.

Natürlich kann man Kräuter auch nur im Zimmer heranziehen. Man muß dann häufiger für Nachzucht sorgen, da die Pflänzchen sich etwas weniger kräftig entwickeln und sie durch die Ernte schneller geschädigt werden.

Vorkultur

Die Aussaat kann in die endgültigen Töpfe erfolgen. Da aber im Zimmer herangezogene Kräuter stärker in die Höhe wachsen als draußen (sie vergeilen etwas), ist eine Vorkultur mit späterem Um- und Tiefersetzen besser. Der Aufwand der Vorkultur lohnt sich auch, weil man dabei noch auswählen und aussortieren kann. Nur gesunde und gut gewachsene Pflänzchen benutzt man zur Weiterkultur.

In Torftöpfchen wird eine gute handelsübliche Blumenerde eingefüllt. Da das Material beim Wässern noch zusammensackt, kann man sie randvoll füllen. Die Torftöpfchen ordnet man noch vor der Aussaat in ein kleines Zimmergewächshaus aus Plastikmaterial ein.

Einsäen und Etikettieren sollten möglichst gleichzeitig erfolgen. Etiketten kann man kaufen oder aus einem weißen Joghurtbecher zurechtschneiden. Man schreibt mit einem wasserfesten Stift den Namen der Pflanze und das Aussaatdatum darauf.

Die Aussaat erfolgt direkt aus den Samentütchen. Die Samen liegen nun auf der Oberfläche des Substrats (der Erde). Ein Abdecken mit Erde ist nicht notwendig.

Da verschiedene Kräuter Lichtkeimer sind, man dies aber nicht immer genau weiß, empfiehlt sich folgendes Verfahren: Boden und Samen werden mit Hilfe einer Pinzette oder eines Hölzchens oberflächlich vermischt. Danach wird der Boden leicht mit den Fingern angedrückt. Zum Gießen benutzt man eine kleine Kanne mit Brause oder ein Gummibällchen mit Brause.

Jetzt ist ein Teil der Samen bedeckt, und ein Teil liegt frei an der Oberfläche. Dadurch ist der Keimerfolg auf jeden Fall gut, denn es sind ja genug Samen vorhanden, ob es sich nun um Licht- oder um Dunkelkeimer handelt. Erscheinen die ersten Keime und Blättchen, was bei Zimmertemperatur sehr

Wenn die Pflänzchen der Küchenkräuter im Zimmergewächshaus heranwachsen, lockert man gelegentlich mit einer Pinzette oder einem Hölzchen die Erde auf.

viel schneller erfolgt als im Freien, kann man den durch das Gießen verdichteten Boden mit einer Pinzette oder einem Hölzchen leicht auflockern.

Die Pflanzen wachsen meist schnell, und es wird in manchen Torftöpfchen bald zu eng. Um sich die mühsame Arbeit des Pikierens (Umpflanzen der Keimlinge) zu ersparen, zupft man vorsichtig mit der Pinzette so viele Pflänzchen aus, daß die stehenbleibenden genug Lebensraum erhalten. Wenn sich schon viel Wurzelwerk gebildet hat, könnte man beim Auszupfen die anderen Pflanzen beschädigen. Dann genügt es, die überzähligen Pflänzchen direkt über der Erde abzuschneiden.

Nach einer gewissen Zeit, die bei den einzelnen Arten unterschiedlich ist, wird der Lebensraum im Torftöpfchen zu klein. Dann muß man in einen größeren Behälter umpflanzen.

Kräutersamen

Die Kräutersamen sind üblicherweise in Mengen abgepackt, die für den Garten vorgesehen sind. Man hat also nach dem Einsäen noch reichlich Samen übrig. Da sie recht teuer sind, möchte man die Reste natürlich später wieder verwenden. In bestimmten Grenzen ist das möglich. Die Haltbarkeit der Samen ist bei den verschiedenen Arten unterschiedlich. Sie ist bei den Artenbeschreibungen angegeben. Dabei wird davon ausgegangen, daß man frischen Samen kauft. Neuerdings gibt es keimschonend versiegelte Pakkungen, die man beim Kauf bevorzugen sollte.

Wenn das Haltbarkeitsdatum auf der Packung nicht aufgedruckt ist, muß man das Datum des Einkaufs auf der Tüte notieren. Dann kann man später einigermaßen beurteilen, ob der Samen noch verwendbar ist. Überalterte Samen sollten nicht mehr benutzt werden, obwohl es durchaus möglich ist, daß einzelne noch keimen. Die Kostenersparnis wird durch den eventuellen Mißerfolg aber wieder aufgehoben.

Die Kräuteranzucht aus Samen im Zimmer ist immer mit einigen Kosten verbunden. Die Anschaffung der Geräte ist jedoch notwendig und auch lohnend, wenn man die Kräuterkultur ständig betreiben will.

Bei nur gelegentlichem Interesse an der Sache sollte man von teuren Anschaffungen absehen und versuchen, sich wenige Arten im Sommer am hellen Fenster zu ziehen. Damit läßt sich das Marktangebot an frischen Kräutern ganz gut ergänzen. Im Herbst, Winter und Frühling gelingt es jedoch nicht ohne Hilfsmittel.

Zu dicht stehende Pflänzchen vereinzelt man durch Auszupfen mit einer Pinzette oder durch Abschneiden der überzähligen Pflänzchen über der Erde.

So weit sollten die Kräuterpflanzen entwickelt sein, wenn man sie in Plastiktöpfe umpflanzen will.

Licht und Wärme

Die wichtigsten Umweltfaktoren für das Gedeihen der Pflanzen sind Licht und Wärme. Im Garten muß man die Verhältnisse so ausnutzen, wie sie von Natur aus gegeben sind. Im Zimmer aber läßt sich das Kleinklima künstlich beeinflussen und damit auch optimal einrichten.

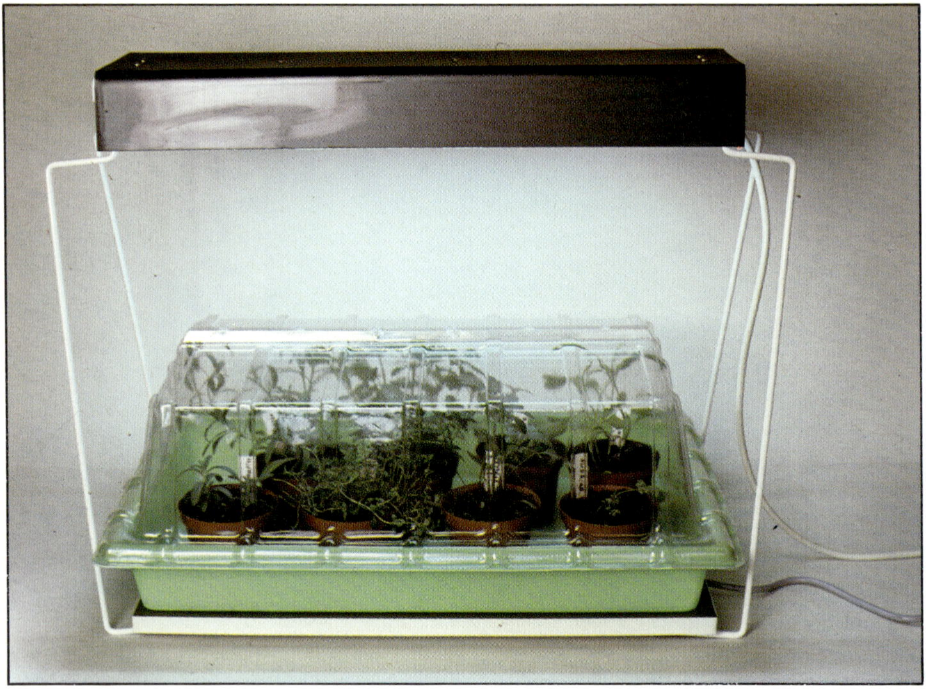

In einem Zimmergewächshaus, das mit einer durchsichtigen Plastikhaube abzudecken ist, läßt man die umgetopften Pflanzen weiter heranwachsen. Durch eine Lampe, die an einem Gestell über dem Zimmergewächshaus montiert ist, erhalten die Pflanzen das notwendige Licht. Zusätzliche Wärme liefert, besonders zum Keimen, eine untergestellte elektrische Wärmeplatte.

Die Lampe und eventuell auch die Wärmeplatte werden automatisch von einem »Timer« ein- und ausgeschaltet, der zwischen Steckdose und Stecker eingefügt ist.

Licht am Fenster

Zimmerpflanzen sind durchweg solche Arten, die mit den spärlichen Lichtverhältnissen in den Wohnungen auskommen. Wenn man dagegen Gartenpflanzen im Zimmer hält, stellt man bald fest, daß sie infolge von Lichtmangel verkümmern. Bereits in kurzer Entfernung vom Fenster ist der Lichtabfall im Zimmer beträchtlich. Durch subjektives Empfinden wird einem dies kaum bewußt; man kann es jedoch mit einem einfachen fotografischen Belichtungsmesser nachprüfen.

Im Sommer lassen sich Gartenpflanzen unmittelbar am Fenster durchaus kultivieren. Durch Sonneneinstrahlung kann es aber hinter der Fensterscheibe zu einem Hitzestau kommen. Darum sind Südfenster als Standort für die Kräuteranzucht ungeeignet. Nordfenster sind nicht hell genug. Es kommen also nur nach Westen oder nach Osten gerichtete Fenster in Frage.

Künstliche Beleuchtung

Für die Kräuterzucht im Zimmer sollte man eine Lampe mit Gestell, die mit zwei 15-Watt-Leuchtstoffröhren bestückt ist (einen »Biostrahler«) verwenden. Dadurch bekommen die Pflanzen ausreichend Licht, und man ist unabhängig von der Tages- und Jahreszeit.

Wichtig ist auch die Belichtungsdauer. Man kann davon ausgehen, daß die meisten Kräuter Langtagspflanzen sind. Diese gedeihen nur dann zufriedenstellend, wenn sie mehr als 12 Stunden Licht am Tag bekommen. Um dies auch zu gewährleisten, benutzt man ein automatisches Schaltgerät, das zwischen Steckdose und Stecker eingefügt wird. Es wird auf 13–14 Stunden Leuchtdauer eingestellt, also z. B. von 7.00–20.00 Uhr. Da das Ein- und Ausschalten von Hand dagegen meist so unregelmäßig durchgeführt wird, daß man nicht mit einem gesunden Wachstum der Pflanzen rechnen kann, ist die Anschaffung eines »Timers« sehr zu empfehlen. Mit der künstlichen Beleuchtung ist man vom Fenster unabhängig und kann das Zimmergewächshaus dort aufstellen, wo es am besten hinpaßt.

Wärmeverhältnisse

Die Wärmeverhältnisse im Zimmer werden häufig nicht richtig eingeschätzt. Zur Keimung sollten die Kräuter eine Temperatur um 25°C haben, zum späteren Wachstum etwa 20°C. Dabei hilft eine Wärmeplatte, die man unter das Zimmergewächshaus stellt (s. Foto Seite 18). Sie hat eine Stromaufnahme von 20 Watt und kann bei normalen Zimmertemperaturen auf etwa 30°C aufheizen. Außer in der Keimzeit ist das zuviel. Durch ständige Kontrolle mit einem Bodenthermometer, das man in ein Töpfchen steckt (ein einfaches Aquarienthermometer eignet sich auch), muß man die Temperatur prüfen und die Platte entsprechend ein- und ausschalten.

Will man die Kultivierung in einem ungeheizten, aber frostfreien Raum durchführen, so ist das überhaupt erst mit Hilfe einer Wärmeplatte möglich. Um den Tag- und Nachtrhythmus herzustellen, schaltet man die Wärmeplatte mit an den Timer an. Eine durchgehend gleichmäßige Beheizung ist für das Wachstum nicht förderlich. Eine nächtliche Abkühlung entspricht den Verhältnissen in der Natur. Die Pflanzen gedeihen sichtlich besser, wenn die Wärmeplatte zusammen mit dem Licht ein- und ausgeschaltet wird.

Umsetzen in Blumentöpfe

In den praktischen Torftöpfchen, die hier dicht an dicht in einem kleinen Zimmergewächshaus stehen, können die Küchenkräuter nur eine begrenzte Zeit heranwachsen: In dem Wachstumsstadium sollten sie in Töpfe umgepflanzt werden.

Wenn die Pflanzen groß und kräftig geworden sind, ist es an der Zeit, ihnen mehr Lebensraum zu geben. Sie werden in größere Töpfe umgesetzt. Für diesen Zweck haben sich Plastiktöpfe mit einem oberen Durchmesser von 8 cm bewährt. Man kann davon eine größere Anzahl in einem Zimmergewächshaus unterbringen. Wer nur wenige Arten, diese aber in größeren Mengen heranziehen will, wählt entsprechend größere Töpfe.

Beim Umpflanzen kann man meist das ganze Torftöpfchen in den größeren Topf stellen und mit Erde auffüllen. Das ist vorteilhaft, denn die Wurzeln werden dabei nicht beschädigt. Häufig wird man aber die Reste der Torf-töpfchen teilweise oder ganz entfernen müssen, um die Pflanzen tiefer setzen zu können. Man nimmt dabei von der Erde unten soviel wie möglich fort. Dadurch wird die Standfestigkeit der trotz aller Hilfsmaßnahmen immer etwas lang gewachsenen Pflanzen erhöht.

Die umgetopften Pflanzen werden nun in ein größeres Zimmergewächshaus gestellt und kommen wieder unter den Biostrahler. Gegen zu hohe Verdunstung deckt man die Pflanzen nach Bedarf mit der durchsichtigen Haube ab. Später, wenn die Gewächse sehr hoch geworden sind, so daß die Abdeckung nicht mehr darauf paßt, kann man auch auf sie verzichten.

Da die Arten einen unterschiedlichen Wasserbedarf haben, muß man beim Gießen sehr sorgsam vorgehen. Auch wenn verschiedene Arten zusammen in einem Zimmergewächshaus stehen, ist es notwendig, die einen häufiger und stärker, die anderen seltener und weniger zu gießen. Der Boden soll feucht, aber nicht naß sein. Er darf nie völlig austrocknen.

In den ersten 2–3 Wochen reicht der in den Blumenerden vorhandene Dünger aus. Später sollte man stärkerwachsende Arten einmal in der Woche mit einem gewöhnlichen Blumendünger, den man dem Gießwasser zusetzt, düngen. Dabei achtet man darauf, daß die Düngerlösung nicht auf die Blättchen tropft. Auch ein Überdüngen muß vermieden werden. Ein Anzeichen dafür kann das Auftreten von braunen Blatträndern an den Pflanzen sein. Dann muß man entsprechend weniger düngen.

Die Kräuter wachsen unter den beschriebenen Bedingungen meist recht üppig heran. Beim Abschneiden der Blätter zum Verbrauch muß man darauf achten, daß der Vegetationspunkt erhalten bleibt, denn aus ihm erfolgt der Nachwuchs. Hochwachsende Arten, z. B. Basilikum oder Bohnenkraut, kann man durch Abschneiden der Spitze einkürzen. Der Nachwuchs erfolgt dann aus den Blattachseln, und die Pflanzen werden üppiger. Hohe Pflanzen befestigt man an einem Stöckchen, damit sie nicht umkippen.

In der Begeisterung über die ersten selbstgezogenen Kräuter erntet man leicht zuviel davon. Das schwächt die Pflanzen. Sie wachsen dann nicht mehr gut nach oder gehen ganz ein. Durch Erfahrung wird man lernen, wieviel man jeweils abschneiden kann.

Als Zubehör zum Umpflanzen benötigt man Plastiktöpfe von 8 cm Durchmesser, Untersetzer dazu, Blumenerde und eine Brause zum Angießen.

Man kann die Torftöpfchen mit in den Plastiktopf setzen oder auch teilweise oder ganz entfernen.

Der freie Raum im Topf wird so mit Erde aufgefüllt, daß die Pflanze etwas tiefer steht als vorher.

Meistens lohnt es sich nicht, im Zimmer kultivierte Kräuter lange zu pflegen. Wenn sie Überalterungserscheinungen zeigen, was hier schneller als im Garten der Fall ist, sollte man an eine Nachzucht denken. Es ist ja ohnehin eine Menge Samen in den Tütchen übriggeblieben.

Auch über längere Urlaubszeiten hinweg lassen sich Kräuter im Zimmer kaum erhalten. Man kann von freundlichen Nachbarn nicht verlangen, daß sie sich mit derselben Hingabe wie man selbst den Pflänzchen widmen. Eine Neuanzucht nach dem Urlaub ist besonders für die schnellwachsenden Arten die beste Lösung.

In einem größeren Zimmergewächshaus stellt man die Töpfe mit den umgesetzten Küchenkräutern zusammen. Sie kommen je nach Luftfeuchtigkeit offen oder abgedeckt unter die Lampe.

Küchenkräuter

Basilikum

Ocimum basilicum
Basilienkraut

Keimdauer: 4 Tage
   (7 Tage im Garten)
Keimfähigkeit: 4 Jahre
Wachstum: schnell

Basilikum ist eine formenreiche Art. Es gibt großblättrige Sorten, die im Wuchs höher werden als kleinblättrige. In den Samentütchen sind in der Regel die großblättrigen enthalten. Hohe Pflanzen bindet man an Stäben fest.

Falls man entsprechenden Samen bekommt, ist die kleinblättrige Sorte für die Anzucht im Zimmer günstiger, da sie gedrungener wächst.

Die Ernte kann von der Spitze her erfolgen. Dann wachsen Seitentriebe aus den Blattachseln nach. Auch die unteren Blätter können verwertet werden.

Verwendung: Basilikum hat einen pfefferartigen Geschmack. Es wird zum Würzen von Salaten, Fleisch- und Eierspeisen benutzt. Beim Kochen verstärkt sich die Schärfe. Darauf sollte man achten.

Bohnenkraut

Satureja hortensis
Pfefferkraut

Keimdauer: 5 Tage
   (10–14 Tage im Garten)
Keimfähigkeit: 1 Jahr
Wachstum: mittel

Beim Bohnenkraut wird häufig über schlechte Keimfähigkeit geklagt. Es handelt sich aber nur um eine falsche Behandlung bei der Aussaat. Die winzigen Samenkörner keimen unter Lichteinwirkung und sollen darum nicht von Erde bedeckt sein. Hier kann auch das im allgemeinen Teil empfohlene Vermischen des Samens mit der obersten Erdschicht zuviel sein. Man klopf den ausgestreuten Samen nur leicht an. Die Pflanzen werden in Töpfen schnell hoch und brauchen ein Stöckchen als Halt.

Verwendung: Dieses Gewürzkraut gilt als appetitanregend und verdauungsfördernd. Es hat sich bei der Zubereitung von Hülsenfrüchten und besonders bei Bohnengerichten bewährt. Seines pfefferartigen Geschmackes wegen gibt man es auch gern an Fleischgerichte.

Borretsch

Borago officinalis
Gurkenkraut

Keimdauer: 4 Tage
  (10–14 Tage im Garten)
Keimfähigkeit: 2–3 Jahre
Wachstum: schnell

Die großen Samen keimen nur, wenn sie mit Erde bedeckt sind. Man drückt die Samen also mit der Pinzette unter die Bodenoberfläche. Da die Pflanze sehr üppig wächst, muß man bald auslichten, so daß nach dem Umpflanzen in einen 8-cm-Topf etwa 5 Pflanzen stehenbleiben.

Die Blätter werden groß und sind rauh behaart. Sie welken leicht, wenn sie starker Verdunstung ausgesetzt sind. Wenn man sie bald gießt, erholen sie sich schnell wieder. Man kann reichlich ernten, doch muß der Vegetationspunkt stehenbleiben. Vergilbte Blätter werden entfernt.

Verwendung: Borretsch wird wegen des gurkenähnlichen Geschmacks gern als Gewürz an alle Arten von Salat genommen. Es wird grundsätzlich roh verwendet und eignet sich auch gut als Dekoration.

Dill

Anethum graveolens
Dillfenchel

Keimdauer: 4 Tage
  (7–14 Tage im Garten)
Keimfähigkeit: 4 Jahre
Wachstum: schnell

Dill- und Fenchelpflanzen sehen sehr ähnlich aus, haben aber einen unterschiedlichen Geschmack. Beide besitzen zartgefiederte Blättchen. Im Freien bastardieren die Pflanzen auch, wenn sie blühend nebeneinanderstehen.

Es gibt verschiedene Sorten, die als Hochzuchtformen empfindlicher sind als der einfache Dill. Man dünnt die Pflänzchen so weit aus, daß sie später nicht zu eng stehen. Die ausgezupften Pflänzchen kann man schon als Gewürz verwenden. Dill ist verhältnismäßig stark anfällig für Krankheiten und Blattläuse. Befallene Pflanzen muß man durch Nachzucht ersetzen.

Verwendung: Kein Gurkensalat ohne Dill! Er ist überhaupt das feinste Gewürz für alle Salate. Dillsoße schmeckt gut zu gekochten Eiern und verschiedenen Fischgerichten.

Estragon

Artemisia dracunculus
Russischer Estragon, Dragon

Keimdauer: 3 Tage
  (8 Tage im Garten)
Keimfähigkeit: 2–3 Jahre
Wachstum: mittel

Der deutsche Estragon ist schmackhafter und stärker in der Würzkraft, läßt sich jedoch schlecht aus Samen ziehen. Er wird durch Stecklinge vermehrt. Hier kommt also nur der russische in Frage. Seine Würzkraft ist besser als die getrockneter Kräuter, und deshalb ist er diesen vorzuziehen.

Man sät aus wie im Kapitel »Vorkultur« beschrieben. Es keimen genug Samen für einen Topf voller Estragonpflänzchen. Da man verhältnismäßig wenig davon erntet, werden einzelne Pflanzen recht hoch. Man muß sie mit einem Stöckchen stützen. Bei Estragon kann man auch die Triebspitzen kappen.

Verwendung: Durch sein bitter-süßliches Aroma ist der Estragon beliebt zu Fleischgerichten. Er kann mitgekocht werden. In geringen Mengen fügt man ihn auch Salaten zu.

Kapuzinerkresse

Tropaeolum majus

Keimdauer: 7 Tage
  (14–21 Tage im Garten)
Keimfähigkeit: 2–3 Jahre
Wachstum: schnell

In der Topfkultur stehen von der Kapuzinerkresse nur die Blätter zur Verfügung. Aus Platzmangel kann man die stark wuchernde Pflanze nicht zur Blüte kommen lassen. Man wählt die nichtrankende Form ›Nana‹. Die dicken Samenkörner müssen mit der Pinzette einzeln in den Boden gesteckt und abgedeckt werden. Nach dem Umpflanzen läßt man 5 Pflanzen stehen. Man gibt ihnen durch ein Stöckchen Halt, damit sie einigermaßen aufrecht wachsen. Entfernt man bei der Ernte die Triebspitzen von kräftigen Pflanzen, so kommt es zum Austrieb aus den Blattachseln.

Verwendung: Die Blätter sind mildpfefferartig im Geschmack. Sie können den verschiedensten Salaten reichlich beigegeben werden. Besonders im Winter getriebenem grünen Salat geben sie eine kräftigere Note.

Kerbel
Anthriscus cerefolium

Keimdauer: 7 Tage
   (14 Tage im Garten)
Keimfähigkeit: 3 Jahre
Wachstum: mittel bis schnell

Sowohl die glattblättrige als auch die krausblättrige Sorte vom Kerbel ist zur Anzucht geeignet. Aus den langen dünnen Samen entwickeln sich verhältnismäßig schnell kräftige Pflanzen mit hellgrünen gefiederten Blättern. Da für die Topfkultur nur die ersten Wachstumsstadien in Frage kommen, verwendet man die gestielten Blätter, die sich vor dem Austreiben der Pflanze zum Blütenstand entwickeln. Häufige Folgesaaten sind notwendig.

Kerbel kann dichter zusammenstehen, da er schon in frühem Stadium geerntet wird.

Verwendung: Kerbel schmeckt stark aromatisch und leicht süßlich. Man verwendet ihn zusammen mit anderen Kräutern zu verschiedenen Salaten. Er ist ein Bestandteil der Frankfurter Grünen Soße und schmeckt gut in Kräuterbutter und Frühlingssuppe.

Liebstöckel
Levisticum officinale

Keimdauer: 11 Tage
   (21 Tage im Garten)
Keimfähigkeit: 1–2 Jahre
Wachstum: langsam

In der Gartenkultur ist Liebstöckel eine Staude, die 10–15 Jahre überdauert und sich durch ein sehr üppiges Wachstum auszeichnet. In der Zimmerkultur läßt sich Liebstöckel aus Samen heranziehen, so daß man kleine Pflanzen zur Verfügung hat. Im Aussehen ähneln sie etwas dem Sellerie.

Bei dieser Art beträgt die Keimfähigkeit der Samen nur etwa 40%. Außerdem sind sie meist schon nach einem Jahr unbrauchbar, so daß man ganz besonders auf frisches Saatgut achten muß.

Verwendung: Liebstöckel hat einen sehr intensiven Geschmack. Am besten würzt man zunächst vorsichtig und probiert aus, welche Mengen man verwenden will. Eine kleine Menge sehr fein gehackt schmeckt gut in Salaten. In Kartoffelsuppe und Eintöpfen läßt man es mitkochen. Ebenso würzt man damit Fleischgerichte.

Majoran

Origanum majorana
Wurstkraut

Keimdauer: 3 Tage (7 Tage im Garten)
Keimfähigkeit: 2–3 Jahre
Wachstum: mittel

Die beiderseits flaumig behaarten Blättchen duften so stark, daß nur vom Darüberstreichen der Duft an der Hand bleibt. Es gibt mehrere Sorten dieses Küchenkrautes, die alle für die Topfkultur geeignet sind. Geerntet werden hauptsächlich die Triebspitzen, so daß es belanglos ist, ob man eine höher oder eine niedriger wachsende Sorte wählt.

Da Majoran ein Lichtkeimer ist, dürfen die Samen nicht in den Boden eingearbeitet werden. Sie werden aufgestreut und nur leicht angeklopft.

Verwendung: Majoran ist ein altes Wurstgewürz. Er wird immer mitgekocht und eignet sich besonders für alle Hackfleischgerichte. Er paßt auch zu Braten, Hülsenfrüchten und in Gerichte, die Kartoffeln enthalten, wie Bratkartoffeln, Reibeplätzchen, Suppe und Salat.

Melisse

Melissa officinalis
Zitronenmelisse, Zitronenkraut

Keimdauer: 7 Tage
   (21–28 Tage im Garten)
Keimfähigkeit: 2–3 Jahre
Wachstum: mittel bis langsam

Die Anzucht aus Samen für die Topfkultur ist leicht durchzuführen, denn die im Freien bis zu 4 Wochen dauernde Keimzeit ist im Zimmer auf 1 Woche verkürzt. Die heranwachsenden Pflänzchen werden bis zum Umpflanzen auf 4–6 Stück verzogen.

Das aromatische, gelbgrüne Laub strömt schon beim Darüberstreichen einen starken Zitronenduft aus. Beim Ernten entfernt man die Mitteltriebe bis auf etwa 12 cm Höhe, damit die Pflanzen nicht zu hoch werden.

Verwendung: Neben dem Zitronenaroma besitzt das Kraut noch einen leicht süßlichen, zugleich aber auch salzigen und bitteren Geschmack. Die Melisse wird roh verwendet vor allem zu Salaten, aber auch zu Fischgerichten und Soßen. Mit Pfefferminze zusammen ergibt sie einen schmackhaften Tee.

Petersilie

Petroselinum crispum
Peterle

Keimdauer: 9 Tage
  (14–21 Tage im Garten)
Keimfähigkeit: 2 Jahre
Wachstum: anfangs langsam

Petersilie gehört zweifellos zu den bekanntesten und meistgebrauchten Gewürzkräutern. Für die Topfkultur ist die Blattpetersilie geeignet. Es gibt zwei Sorten: die glattblättrige und die krausblättrige. Die glattblättrige Sorte gilt als aromatischer.

Petersilie läßt sich im Topf leicht heranziehen, da die Keimzeit gegenüber der Gartenkultur erheblich verkürzt ist. Die Pflanzen wachsen zunächst recht langsam. Man darf sich nicht dazu verleiten lassen, zu früh und zu reichlich zu ernten, da die Pflanzen sich sonst kaum wieder erholen. Ältere Pflanzen werden leicht von Blattläusen befallen und müssen durch Neuaussaat ersetzt werden.
Verwendung: Die Verwendung von Petersilie in der Küche ist so universell und bekannt, daß sich Hinweise erübrigen.

Pimpernell

Sanguisorba minor
Pimpinelle, Bibernelle, Kleiner Wiesenknopf

Keimdauer: 4 Tage
  (12 Tage im Garten)
Keimfähigkeit: 1 Jahr
Wachstum: mittel bis schnell

Die Stammart von Pimpernell kommt als Kleiner Wiesenknopf in Mitteleuropa wild vor. Die jungen und frischen Blättchen besitzen den besten Geschmack.

In der Topfkultur werden die Blättchen bald langgestielt und spreizen auseinander. Sie hängen dann weit über den Topfrand. Bei der Ernte sollte man darauf achten und sie entsprechend zurückschneiden.

Pimpernell gehört zu den Pflanzen, die viel verdunsten und leicht welk werden. Nach dem Gießen erholt sie sich aber schnell.
Verwendung: Der Geschmack ist entfernt gurkenähnlich, dabei etwas säuerlich und nußartig. Pimpernell ist ein vielgebrauchtes Salatgewürz, schmeckt aber auch gut in Kräuterquark und anderen Speisen.

Rosmarin
Rosmarinus officinalis
Brautkraut

Keimdauer: 13 Tage
   (28 Tage im Garten)
Keimfähigkeit: 2–3 Jahre
Wachstum: anfangs sehr langsam

Wegen des langsamen Wachstums ist es zu empfehlen, sich eine oder zwei Jungpflanzen im Handel zu besorgen. Doch ist die Anzucht aus Samen nicht schwierig, und man sollte nebenbei bereits neue Pflanzen ziehen, damit man älter werdende Sträucher später aussondern kann. Rosmarin wird den Sommer über knapp, aber regelmäßig gegossen. Über Winter sollte man das Gießen stark einschränken.

Geerntet werden die jungen Blättchen und Triebspitzen der überaus stark duftenden Pflanze. Dabei kann man einen Rückschnitt auf eine gleichmäßige Wuchsform herbeiführen.

Verwendung: Der Geschmack ist dem des Thymians ähnlich, doch sehr viel intensiver. Man verwendet Rosmarin in kleinen Mengen zum Würzen von Fleischgerichten und Soßen.

Salbei
Salvia officinalis

Keimdauer: 5 Tage
   (8–10 Tage im Garten)
Keimfähigkeit: 1–2 Jahre
Wachstum: mittel

Salbei ist ein Strauch mit graufilzigen Blättern, der sich im Garten mehrere Jahre lang hält, wenn der Frost nicht zu stark ist. In Zimmerkultur ließen sich kleinere Sträucher ebenfalls jahrelang halten. Doch ist davon abzuraten, da die Pflege der üppig wachsenden Sträucher zu schwierig ist.

Leichter ist die wiederholte Anzucht aus Samen. Jungpflanzen entwickeln noch nicht das volle Aroma. Doch ist es schon so kräftig, daß sie zum Würzen besser zu verwenden sind als ältere Pflanzen, die man nur sehr sparsam anwenden sollte.

Verwendung: Neben dem starken Aroma ist die Bitterkeit von Salbei typisch. In geringen Mengen würzt man damit Fleischspeisen, die dann einen wildartigen Geschmack bekommen.

Sauerampfer
Rumex acetosa

Keimdauer: 3 Tage
  (10–12 Tage im Garten)
Keimfähigkeit: 2 Jahre
Wachstum: schnell

Sauerampfer läßt sich in der Topfkultur leicht aus Samen ziehen. Obwohl die Pflanzen mehrjährig sind, sollte man im Zimmer immer wieder neu aussäen, anstatt die Pflanzen alt werden zu lassen.

Die Blätter des Kultursauerampfers sind großflächig und zart und verdunsten im Zimmer besonders viel Wasser. Häufiges und reichliches Gießen ist notwendig. Doch muß Staunässe im Topf vermieden werden.

Verwendung: Wegen seines säuerlichen Geschmacks ist Sauerampfer besonders als Salatbeimischung beliebt. Gelegentlich wird er auch selbst als Salat zubereitet. Davor muß man jedoch warnen, denn die im Sauerampfer enthaltene Oxalsäure kann in größeren Mengen Darm- und Nierenreizungen hervorrufen.

Schnittlauch
Allium schoenoprasum

Keimdauer: 4 Tage
  (14 Tage im Garten)
Keimfähigkeit: 1 Jahr
Wachstum: anfangs langsam

Schnittlauch wird im Topf nur über eine begrenzte Zeit hinweg kultiviert, so daß sich nur feine Röhrchen entwickeln. Diese sind würziger als die dicken von alten Pflanzen.

Schnittlauch kann ziemlich dicht und eventuell gleich in den endgültigen Topf gesät werden. Die grasartigen Pflänzchen brauchen wenig Platz. Vereinzeln braucht man nur, wenn man zu üppig gesät hat.

Die Ernte von Schnittlauch muß mit Bedacht geschehen, damit die Pflanzen nicht geschädigt werden und eingehen. Man schneidet nur bis zu zwei Drittel der Röhrchen ab und läßt sie dann erst wieder kräftig nachwachsen. Wenn man mehrere Schnittlauchtöpfe besitzt, kann man einmal von dem einen, einmal von dem anderen ernten.

Verwendung: Schnittlauch wird so vielseitig gebraucht, daß Hinweise überflüssig sind.

Sellerie

Apium graveolens
Schnittsellerie

Keimdauer: 7 Tage
  (21–28 Tage im Garten)
Keimfähigkeit: 3 Jahre
Wachstum: mittel

Man hat eine spezielle Sorte des Sellerie gezüchtet, die nur Blätter bildet. Sie ist als Schnittsellerie bekannt und wird als Küchenkraut sehr geschätzt.

Die Anzucht in Topfkultur aus Samen bereitet keine Schwierigkeiten, zumal die Keimzeit erheblich kürzer ist als im Garten. Man erhält also in verhältnismäßig kurzer Zeit mittelschnell, aber recht üppig wachsende Pflanzen im Zimmer. Da Schnittsellerie reichlich Blattmasse bildet und im Vergleich zu Petersilie weniger gebraucht wird, kann man schon frühzeitig ernten.

Verwendung: Sellerieblätter werden in Suppen, Eintöpfen und Soßen mitgekocht. Sie sind auch ein beliebtes Gewürz für Fleischgerichte. Roh verwendet man sie sparsam zu Salaten und Bratkartoffeln.

Thymian

Thymus vulgaris

Keimdauer: 4 Tage
  (7 Tage im Garten)
Keimfähigkeit: 2 Jahre
Wachstum: langsam

Da man nur Blättchen und unverholzte Triebe vom Thymian verwenden kann, ist die Anzucht aus Samen im Zimmer für eine begrenzte Zeit recht nützlich. Die Pflänzchen wachsen zunächst nur zögernd in die Höhe, breiten sich dann aber nach allen Seiten aus.

Nach dem Umpflanzen in einen Topf legt man die überhängenden Triebe über den Topfrand zurück, so daß sich ein kleines Polster entwickeln kann. Die Pflänzchen wuchern dann nicht so über den Topfrand hinaus und stören die Nachbarpflanzen nicht.

Verwendung: Der Geschmack ist sehr aromatisch und etwas kampferartig. Thymian verwendet man zum Würzen von Fleischgerichten. Er wird dann mitgekocht. Roh kann man ihn sehr sparsam und gut kleingehackt an Tomaten- und andere Salate geben.